Benny Neugebauer

Informatik und Informationsgesellschaft

I0012973

Benny Neugebauer

Informatik und Informationsgesellschaft

GRIN Verlag

Bibliografische Information der Deutschen Nationalbibliothek: Die Deutsche Bibliothek
verzeichnet diese Publikation in der Deutschen Nationalbibliografie; detaillierte bibliografische Daten sind im Internet über http://dnb.d-nb.de/ abrufbar.

1. Auflage 2011
Copyright © 2011 GRIN Verlag
http://www.grin.com/
Druck und Bindung: Books on Demand GmbH, Norderstedt Germany
ISBN 978-3-640-90443-3

Informatik und Informationsgesellschaft

Geschrieben von Benny Neugebauer

Inhaltsverzeichnis

Einleitung

Die wirtschaftlichen und gesellschaftlichen Aspekte in der Entwicklung der Industrieländer haben innerhalb der letzten Jahre dafür gesorgt, dass moderne Informations- und Kommunikationstechnologien einen immer höheren Stellenwert zugeordnet bekommen. Die Möglichkeiten zur Gewinnung, Verarbeitung und Speicherung von Informationen haben einen gravierenden Einfluss auf den Austausch und die Vermittlung von Nachrichten im 21. Jahrhundert.

Die anhaltende Weiterentwicklung von bestehenden sowie die fortwährende Entwicklung von neuen Informationsmedien stellen gegenwärtige Ingenieurswissenschaftler und Ingenieurswissenschaftler der nachfolgenden Generationen vor beträchtliche Herausforderungen. Im Zusammenspiel mit gesellschaftlichem Wandel und zunehmender weltweiter Verflechtung von Wirtschaft, Politik und Kultur bewegen wir uns in einem Zeitalter, das es in diesen Ausmaßen noch nicht gegeben hat.

Das Zeitalter der Informationsgesellschaft ist geprägt von Massenmedien, die als Kommunikationsmittel dienen um Nachrichten durch den Fortschritt der Technik zu vervielfältigen und zu verbreiten. Die von Massenmedien adressierte Anzahl von Menschen ist nie eindeutig klassifiziert, so dass ein anonymes, kulturell-unterschiedliches und räumlich dezentralisiertes Publikum entsteht.

Im Rahmen dieser schriftlichen Arbeit zum Themenfeld „Informatik und Informationsgesellschaft" sollen die verschiedenen Aspekte der Informatik innerhalb der Informationsgesellschaft aufgezeigt werden.

Das Ziel ist dabei die kritische Auseinandersetzung mit dem Begriff der Informationsgesellschaft sowie die Kristallisierung von Problemen und die Aufbereitung einer Orientierungshilfe zur Sicherheit und zum Schutz innerhalb der Informationsgesellschaft.

In dieser Arbeit werden die Grundbegriffe der Gesellschaft beleuchtet und es wird verdeutlicht, inwiefern sich die Informationsgesellschaft von bisherigen Gesellschaftsformen unterscheidet. Der Einfluss des Internets wird dazu als wesentlicher Bezugspunkt herangezogen.

Als Ausblick werden mit dem Informationsmanagement und der Komplexitätsreduktion zwei Verfahren vorgestellt, die sich in der Informationsgesellschaft gebildet haben, um die heranwachsende Nachrichtenwelt zu beherrschen.

Was ist eine Gesellschaft?

Definition und Bestandteile

Der Begriff der Gesellschaft kann, wie viele weitere soziologische Begriffe, nicht konkretisiert werden. In der historischen Linguistik wird davon ausgegangen, dass sich der Begriff aus dem althochdeutschen Wort „gisellio" ableitet, was übersetzt „Saalgenosse" bedeutet.

Im heutigen Sprachgebrauch findet sich der „Saalgenosse" in Wörtern wie „Geselle" oder „Gesellgkeit" wieder. Schlägt man das Wort Gesellgkeit im Duden nach, so findet man als Beschreibung den „Umgang, Verkehr mit anderen Menschen"[1]. Demnach ist eine Gesellschaft eine zusammengefasste Anzahl von Menschen, die miteinander interagiert.

Nach dem deutschen Soziologen Ferdinand Tönnies (1855-1936) steht die Gesellschaft für eine Form der gegenseitigen sozialen Bejahung, zum eigennützigen Endzweck der jeweiligen Akteure. Im Gegensatz zum Akteur einer Gemeinschaft sieht sich nach Tonnies der Akteur einer Gesellschaft nicht unbedingt als Bestandteil des sozialen Zusammenschlusses[2].

Die Akteure einer Gesellschaft sind durch ein Gesetz oder eine Vorschrift festgelegt. In der Bundesrepublik Deutschland, sowie allen weiteren Staaten, bilden die Bürger die Akteure. Die Übereinkunft (soziale Bejahung) der Bürger besteht in ihrer Zugehörigkeit zum jeweiligen Land. Ein Eintritt sowie Austritt aus diesem rationalen Zusammenschluss ist durch den Erhalt beziehungsweise dem Verlust der Staatsbürgerschaft möglich. Jeder Bürger hat vertraglich festgelegte Rechte und Pflichten.

Neben dieser Definition gibt es noch weitere, die an sich sehr unterschiedlich sind. Die ehemalige britische Premierministerin Margaret Thatcher bestreitet beispielsweise das Vorhandensein von Gesellschaften mit den Worten: *„There is no such thing as society. There are only individuals"*[3].

Der deutsche Gesellschaftstheoretiker Niklas Luhmann hingegen behauptet, dass sich die modernen Gesellschaften im Laufe der sozialen Evolution zu hoch komplexen, funktionalen Systemen entwickelt haben. Als reduktionistischen Lösungsansatz schlägt Luhmann daher die Differenzierung der Gesellschaft in funktionsbezogene und voneinander unabhängig operierende Teilsysteme vor. In seinem Artikel „Differentiation of Society"[4] untergliedert er in die Teilsysteme: Wirtschaft, Wissenschaft, Recht, Kunst, Politik und Massenmedien.

---

[1] http://www.duden-suche.de/suche/abstract.php?shortname=fx&artikel_id=60826&verweis=1
[2] Ferdinand Tönnies (1887). Gemeinschaft und Gesellschaft.
[3] http://www.margaretthatcher.org/document/106689
[4] Niklas Luhmann (1977). Differentiation of Society. The Canadian Journal of Sociology, S. 29-53

Wir werden uns in dieser Arbeit auf die Bereiche Wissenschaft und Massenmedien konzentrieren.

Gesellschaftsformen und Leitmedien

Unter einer Gesellschaftsform versteht man die Struktur und soziale Organisationsform von Gesellschaften. Gesellschaftsformen sind oft historisch bedingt und lassen sich in diesem Zusammenhang einordnen. Beschränkt man sich territorial auf Europa, so hat es in den vergangenen Jahrhunderten folgende gesellschaftlich vorherrschende Formen gegeben:

Jahrhundert:	Gesellschaftsform:
18. Jahrhundert	Ständegesellschaft
19. Jahrhundert	Agrargesellschaft
20. Jahrhundert	Industriegesellschaft

Bedingt durch den technischen Fortschritt der jeweiligen Epoche, gab es verschiedene Massenmedien für die Übertragung von Nachrichten an eine breite Zuhörerschaft. Durch Johannes Gutenberg, dem Erfinder des europäischen Buchdruckes mit beweglichen Metall-Lettern, waren im 18. Jahrhundert besonders das Buch und im 19. Jahrhundert die Tageszeitung als dominierendes Medium (auch Leitmedium genannt) vertreten. Im 20. Jahrhundert traten dann der Hörfunk und das Fernsehen als neuartige Kommunikationsmittel in Erscheinung.

In welcher Gesellschaftsform leben wir?

Es ist unmöglich diese Frage mit absoluter Gewissheit zu beantworten, denn als Individuum mit eigener Wertevorstellung und erlernten Denkkategorien können wir uns von Subjektivität nicht lösen und daher keine allgemeingültige Antwort auf diese Frage geben.

Betrachtet man jedoch die vergangenen Jahrhunderte im Zusammenhang mit den damals gültigen Massen-Kommunikationsmitteln, so stellen wir fest, dass wir in den Industrieländern derzeitig außerordentlichen Gebrauch von multimedialen Inhalten machen.

Während man sich früher auf ein bis zwei wesentliche Massenmedien beschränken musste, hat man heute eine reichhaltige Auswahl an Kommunikationsmitteln in Schrift, Bild oder Ton.

Seit der Jahrtausendwende nimmt besonders das Internet einen großen Platz in den Reihen der Leitmedien ein. Für unsere Betrachtung reicht es aber nicht aus, nur die Anzahl der Leitmedien zu berücksichtigen. Wir müssen auch die Entwicklungszeiten jener Leitmedien in Verbindung bringen.

Zwischen dem ältesten Buch der Welt, dem Jikji, dessen Erscheinungsjahr von der UNESCO auf Juli 1377 datiert wird[5] und dem Erscheinen der ersten Tageszeitung der Welt in Leipzig[6] (1650) liegen rund 273 Jahre. Der erste Radiosender wurde 1901 von Nikola Tesla entworfen[7], 251 Jahre nach der Einführung der Tageszeitung. Bis zum Beginn des Farbfernsehens am 25. August 1967 in der Bundesrepublik Deutschland[8], dauerte es nur weitere 66 Jahre. Noch viel kürzer hielt die Entwicklungszeit bis zum Internet an, welches aus dem im Jahr 1969 entstandenen ARPANET hervorging[9].

Wie aus den Zahlen ersichtlich, hat sich der Entwicklungszyklus exponential beschleunigt. Diese Technologiesprünge bescheinigen, dass das Interesse an Massenkommunikationsmitteln in der Gesellschaft gestiegen ist.

Laut einer Studie verbrachten Deutsche Bundesbürger im Jahr 2004 durchschnittlich 210 Minuten am Tag mit Fernsehkonsum[10]. Hochgerechnet auf ein Jahr entspricht das einer ununterbrochenen Fernsehdauer von ganzen zwei Monaten.

Nach 2007 gab es eine Trendwende in der Entwicklung: in den Jahren 2007 und 2008 hat der tägliche Fernsehkonsum erstmalig abgenommen. Stattdessen hat sich die tägliche Internet-Nutzung erhöht. Inzwischen ist aber auch der Fernsehkonsum wieder auf dem Vormarsch, so dass eine aktuelle Studie der ARD[11] von 2010 besagt, dass der Deutsche täglich 244 Minuten Fernsehen guckt, 187 Minuten Radio hört und 77 Minuten im Internet surft. In der Summe ergibt das 508 Minuten (8,5 Stunden), welche die Deutschen tagtäglich mit Massenmedien verbringen.

Zählt man zu diesen 8,5 Stunden noch 8 Stunden tägliche Arbeit sowie den empfohlenen Schlafbedarf eines Erwachsenen von 7 Stunden[12] hinzu, so nutzt der Deutsche nur 30 Minuten pro Tag außerhalb von Arbeit, Schlaf oder dem Einfluss von Leitmedien.

Anhand der von der ARD erstellten Statistik lässt sich ableiten, dass in unserer Gesellschaft mehr Zeit mit Massenmedien verbracht wird als mit allem anderen. Diese Tatsache lässt uns darauf schließen, dass wir im Zeitalter der Informationsgesellschaft leben, welches auf der massiven Verwendung von Informations- und Kommunikationstechnologien beruht.

---

[5] http://www.sub.uni-goettingen.de/archiv/ausstell/2003/jikji.html
[6] http://www.bdzv.de/256.html
[7] Michael Krause: Wie Nikola Tesla das 20. Jahrhundert erfand. 1. Auflage. Wiley, 2010
[8] http://www.wdr.de/themen/kultur/stichtag/2007/08/25.jhtml
[9] http://de.answers.yahoo.com/question/index?qid=20090308131245AAVIQKW
[10] Melanie Mühl: Siebzig Tage im Jahr vor dem Schirm, Frankfurter Allgemeine Zeitung, 20. Januar 2005
[11] http://bit.ly/94jecH
[12] http://www.solvital-lichttherapie.de/schlaf/wie-viel-schlaf-braucht-der-mensch.php

Im Folgenden wollen wir darauf eingehen, was genau eine Informationsgesellschaft ist, woraus sie besteht und welchen Einfluss die Informatik in der Entwicklung der Informationsgesellschaft hat.

Was ist eine Informationsgesellschaft?

Definition

Mit der Nennung des Wortes Informationsgesellschaft tritt gleich die erste Hürde auf, denn die Kennzeichnung der Informationsgesellschaft geht von Utopien und Mythen über Prognosen bis hin zu politischer Konjunktur und kann daher kaum unterschiedlicher sein.

Trotzdem ist man sich in einem Punkt einig. Die Informationsgesellschaft hat mit Informationen zu tun. Daher sollte man zuerst klären, was Information eigentlich ist und wie sie entstehen kann.

Gernot Wersig, ein deutscher Informationswissenschaftler, sagt: „Information ist die Verringerung von Ungewissheit"[13]. Der Wissenschafts- und Gesellschaftskritiker Joseph Weizenbaum sieht die Beschreibung der Information dagegen ganz anders.

Begriff der Information nach Weizenbaum

Laut Weizenbaum ist Information etwas, das erst geschaffen werden muss. Diese Auffassung führt dazu, dass in seinem Buch „Computermacht und Gesellschaft" folgender Auszug aus einer Rede zu finden ist: „Wir stellen Information her, indem wir z.B. Signale hören oder sehen, sie also empfangen und im Anschluss interpretieren". Für Weizenbaum kann Information demnach nicht übermittelt werden, sondern muss erst mühselig wieder durch Eigeninterpretation erarbeitet werden. Das was übertragen wird, stellt für ihn nichts weiter als blanke Daten ohne jegliche Bedeutung dar. Die Bedeutung entsteht erst dadurch, dass wir diese Daten wieder interpretieren und ihnen somit eine Bedeutung zuweisen. Bedingt durch die unterschiedliche Lebenserfahrung jedes Einzelnen erweist sich dieses Verfahren als äußerst unpräzise, da alle Menschen unterschiedliche Lebenserfahrungen erworben haben und somit identische Interpretationen von zwei oder mehrere Personen ausgeschlossen sind. Weizenbaum prophezeit damit eine Gesellschaft voll von Missverständnissen, die es zu lösen gilt.

Werkzeuge der Informationsgesellschaft

Einen weiteren wichtigen Bestandteil der Informationsgesellschaft bilden die bereits schon mehrfach erwähnten Informations- und Kommunikationstechnologien. Zu diesen zählen beispielsweise das Radio, Fernsehen, Teletext, Telegrafie, CB-Funk, Mobiltelefone, Satellitensysteme, Hard- und Software für den Computer sowie weitere Erfindungen und Dienstleistungen, die mit diesen Dingen in Verbindung stehen.

---

[13] Klaus Merten: Einführung in die Kommunikationswissenschaft, Band 1, Seite 150

Die genannten Technologien   stammen alle aus den Bereichen der Mathematik, Elektrotechnik und Nachrichtentechnik. Aus diesen Bereichen wuchs ebenfalls die Informatik, eine Wissenschaft die sich mit der systematischen Verarbeitung von Informationen mit Unterstützung von Rechenanlagen beschäftigt.

Wir wissen nun, dass Informationen und Informationstechnologien wichtig für die Informationsgesellschaft sind, jedoch stellt sich immer noch die Frage, wozu die Meschen dieser Gesellschaft solche Instrumente überhaupt benötigen.

Ziele

Einige Soziologen der Gegenwart, wie etwa Ulrich Beck und Anthony Giddens, betrachten die Komplexität als ein Hauptmerkmal der Informationsgesellschaft. Dadurch, dass immer mehr Menschen Zugang zu Massenmedien haben, werden zunehmend mehr Nachrichten verbreitet, was wiederum dazu führt, dass neue Technologien entwickelt werden müssen, um mit diesen Nachrichten umzugehen. Als Beispiel sei hierfür der weltweit marktführende Internet Suchmaschinendienst Google genannt, welcher am 25. Juli 2008 die Indexierung der billionsten Webseite bekannt gab[14].

Ziel der Informationsgesellschaft ist folglich die Bewältigung der überproportionalen Zunahme der Informationsquantität.

---

[14] http://googleblog.blogspot.com/2008/07/we-knew-web-was-big.html

Informatik als Triebwerk der Informationsgesellschaft

Entwicklung

Die Informatik gilt als Triebwerk der Informationsgesellschaft, denn allein in den letzten vier Jahren entwickelte die Informatik-Branche diverse neue Arten von Kommunikationsgeräten wie etwa internetfähige Spielekonsolen, 3D-Fernseher, Netbooks, Nettops, Smartphones und Tablet-PCs. Damit ist die Informatik der Spitzenreiter, wenn es um die Herstellung von Informationstechnologien geht. Durch immer günstiger werdende Endgeräte wie etwa dem 100-Dollar-Laptop OLPC XO-1[15] wird versucht Entwicklungsländer miteinzubeziehen, welche bisher noch nicht von Informationsgesellschaft erschlossen wurden.

Durch die Verwirklichung des Internets unterstützt die Informatik maßgeblich die Vernetzung von Informationsgesellschaften aus verschiedenen Teilen der Erde. Als Beweis dafür dient das von Mark Zuckerberg gegründete soziale Netzwerk Facebook, welches nach externen Analysen[16] mehr als 600 Millionen aktive Nutzer weltweit verbindet. Pro Monat werden auf Facebook geschätzte 30 Milliarden Nachrichten, Fotos oder Videos ausgetauscht. Wenn Facebook ein Staat wäre, dann würde es gemessen an der Bevölkerungszahl, dass drittgrößte Land der Welt (nach Indien und China) sein[17]. Diese gigantischen Zahlen verdeutlichen das Ausmaß der sozialen Vernetzung innerhalb der Informationsgesellschaft und sind ein weiteres Indiz dafür, dass die Informatik prägend ist für das Bestehen jener Gesellschaftsform.

Der kanadische Kommunikationstheoretiker Herbert Marshall McLuhan beschreibt dieses vernetzte Zusammenspiel als „Global Village" (dt. Globales Dorf) und erörtert dies in seinem letzten Buch „The Global Village" damit, dass die heutige Welt durch die zunehmende elektronische Vernetzung zu einem Dorf zusammenwächst, indem jeder ohne seinen Standort zu verlassen, mit anderen Menschen aus den unterschiedlichsten Kontinenten der Welt kommunizieren kann.

Die Informatik hat jedoch nicht nur Einfluss auf die Vernetzung der Gesellschaft, sondern auch auf ihre Industrie. Im Jahr 2008 erwirtschaftete die Informations- und Kommunikationsbranche zusammen mit den wissenschaftlichen und technischen Dienstleistungen in Deutschland einen Umsatz von 429,7 Milliarden Euro und bildet damit

---

[15] http://laptop.org/en/laptop/
[16] http://facebookmarketing.de/news/neuer-rekord-600-millionen-aktive-facebook-nutzer
[17] http://bit.ly/g6yVG8

die Führung der Umsatzerwirtschaftung, gefolgt von „Verkehr und Lagerei" mit 225,7 Milliarden Euro Umsatz[18].

Digitale Revolution

Seit der Einführung des Mikrochips im Jahre 1959 durch Jack St. Clair Kilby und Erfindung des Computers durch Konrad Zuse im Jahre 1941, ist die Computerisierung stark vorangeschritten. Mittlerweile haben digitale Technologien einen Einfluss auf fast alle Lebensbereiche bewirkt. In den 1980er Jahren wurden Computer nicht nur für Beruf und Forschung eingesetzt, sondern fanden auch zunehmend Platz in den Privathaushalten. Im Jahr 1983 erschien der erste Computer welcher über ein Betriebssystem mit grafischer Benutzeroberfläche verfügte, der Apple Lisa[19]. Dieser Computer bildete den realen Schreibtisch in Form eines virtuellen Schreibtisches (engl. Desktop) ab und sollte in zunehmendem Maße die auf einem Schreibtisch liegenden Objekte ersetzen. Als Wunschgedanke galt damals schon das „papierlose Büro", welches durch Computer ermöglicht werden sollte.

Heutzutage befinden sich Computer in modernen Industrie-Gesellschaften an zahlreichen Arbeitsplätzen und sind in Wirtschaft, Wissenschaft, Verwaltung sowie Erziehung schon zu einem üblichen Werkzeug geworden. Prof. Dr. Dr. h.c. Heinrich C. Mayr, Präsident der Gesellschaft für Informatik e.V. (GI), vergleicht den Computer in der Wirtschaft folgendermaßen: „Moderne Wirtschaft ohne Informatik wäre wie Wien ohne Musik: Undenkbar!"[20].

Eine besondere Rolle nehmen die digitalen Güter (Software und digitale Informationen) ein, da sich diese, im Gegensatz zu allen anderen materiellen Produkten, beliebig oft benutzen und vervielfältigen lassen. Digitale Güter erleiden dabei keinerlei Abnutzung und lassen sich, durch ihre einfache Replikation, besonders kostengünstig an Endkunden in der ganzen Welt verteilen. Diese Faktoren haben einen entscheidenden Einfluss auf die klassischen Vertriebswege genommen, denn durch das Internet wurde ein Markt geschaffen, der weder räumlich noch zeitlich begrenzt ist.

Inzwischen breitet sich die digitale Revolution in weitere Bereiche der Informationsgesellschaft aus. Ein enormes Potential wird bei der Entwicklung von Robotern und Künstlicher Intelligenz gesehen[21]. Man strebt an, die Denkleistung des Menschen durch die Maschine zu ersetzen und zwar in der gleichen Art und Weise, wie die Dampfmaschine die Muskelkraft und Pferdestärke bereits ersetzt hat.

---

[18] http://bit.ly/g2sH5A
[19] http://lowendmac.com/lisa/lisa.shtml
[20] http://www.gi.de/presse/pressemitteilungen-thematisch/pressemitteilung-vom-26-september-2001.html
[21] http://www.golem.de/0612/49631.html

Die digitale Revolution beschränkt sich nicht ausschließlich auf Menschen, sondern hat auch Auswirkungen auf die Tierwelt. Das 1996 entstandene und weltweit bekannt gewordene Tamagotchi zeigt die Idee, wie echte Haustiere durch einen virtuellen Repräsentanten ersetzt werden können. Besonders ältere Damen holen sich den virtuellen Ersatz nach Hause[22], um so der Einsamkeit zu entrinnen. Die Tamagotchis sind den echten Tieren nachempfunden und haben Bedürfnisse wie Essen, Trinken, Schlafen und Zuneigung. Nur eines hebt sie von ihren realen Konkurrenten ab, sie können mit einem Druck auf den „Reset"-Schalter wiederbelebt werden.

Joseph Weizenbaum sieht in der Entwicklung solcher künstlicher Gegenstücke die Verachtung des Lebens und keineswegs einen ernstzunehmender Ausgleich für atmende Persönlichkeiten[23], denn laut ihm wird es niemals möglich sein, die vollständige Gefühlswelt eines Menschen in einen Computer zu transferieren. Es ist einfach nicht möglich, ein Gerät zu konstruieren, das etwas Vergleichbares wie eine Seele hat, denn die Schaltkreise eines Computers beherrschen nur eine einzige Operation, das Rechnen. Unsere menschlich intellektuellen Fähigkeiten sind aber keineswegs berechenbar. Zwar gibt es Schachcomputer, wie beispielsweise der von IBM entwickelte „Deep Blue", die versuchen die Schach-Fähigkeiten von angesehenen Schachweltmeistern wie Garri Kasparow abzubilden, jedoch ist „Deep Blue" kein autonom lernendes System, wie IBM selbst auf den eigenen Internetseiten zugibt[24].

Nichtsdestotrotz lässt sich die digitale Revolution von diesen Ergebnissen nicht aufhalten und so denkt die Anhängerschaft der Kybernetik weiter über die Erschaffung der „Menschenmaschine" nach. Was Walt Disney im Jahr 1987 unter dem Namen „Roboto - Die Menschenmaschine" als Videokassette für Kinder ab 12 Jahren verkaufte, könnte nach Aussagen des Forschungsbereich der Künstlichen Intelligenz bald zur Wirklichkeit werden. Im Jahr 2050 möchte man eine Robotermannschaft aufstellen, die nach den offiziellen Regeln der FIFA gegen eine menschliche Weltmeisterauswahl spielen –und gewinnen wird[25].

Bessere Lebensqualität durch Technologien

Die jüngsten Bestrebungen der Informatik bewegen sich vor allem im Bereich der Robotik, wo an Systemen gearbeitet wird, die den Menschen bei alltäglichen Arbeiten entlasten sollen. Das Fraunhofer Institut für Produktionstechnik und Automatisierung hat in Zusammenarbeit mit dem Unternehmen Festo erst kürzlich den „Deutschen Zukunftspreis 2010" für einen bionischen Handling-Assistenten erhalten[26]. Dieses Roboter-System ist

---

[22] http://bit.ly/e2jBSC
[23] vgl. Joseph Weizenbaum, Computermacht und Gesellschaft (1. Aufl., 2001), Seite 42
[24] http://www.research.ibm.com/deepblue/meet/html/d.2.shtml#10
[25] http://www.pcwelt.de/news/Fussball-gewinnt-fuer-KI-Forscher-immer-mehr-an-Bedeutung-43929.html
[26] http://zukunftspreis.ipa.fraunhofer.de/

einem Elefanten-Rüssel nachempfunden und kann dank drei zusätzlichen Greifern fast menschenähnliche Geschicklichkeit beim Anfassen von groben und feinen Gegenständen aufweisen. Der Einsatz dieses präzisen Greifwerkzeugs ist für die Medizintechnik und diverse Rehabilitationsmaßnahmen denkbar, da es den Therapeuten beim Halten von Patienten behilflich sein kann.

Ein weiteres System, welches das Fraunhofer IPA entwickelt hat, ist der Care-O-bot® 3. Der Care-O-bot® 3 kann typische Haushaltsgegenstände erkennen und sie auf Wunsch einem Menschen bringen. Noch erledigt der Care-O-bot® 3 diese Aufgaben aber nicht schnell genug, verglichen mit einer menschlichen Bedienung, weshalb er bisher lediglich als zu bestaunendes Maskottchen in Firmengebäuden rangiert[27].

Neben den genannten Beispielen existieren noch weitere Haushaltroboter, die uns ein Stück mehr Lebensqualität bescheren sollen. Siemens bietet mit dem Siemens Sensor Cruiser VSR 8000 für 729 EUR einen Staubsaugerroboter an[28], der selbstständig in einer Wohnung kabellos Staub saugt und sich beim Leeren des Akkus selbstständig in eine Auflade-Station begibt und wieder auflädt.

Damit ist dieser Roboter nicht alleine auf dem Markt. Der „Roomba 581" von iRobot leistet ähnliche Dienste. Zudem gibt es ein Dutzend weiterer Haushaltsroboter, die etwa den Rasen mähen oder das Mittagessen kochen[29]. Sollten sich diese Gerätschaften in der breiten Masse durchsetzen, so wird der Mensch von weiteren unangenehmen Alltagsarbeiten befreit und gewinnt dadurch ein Stück mehr an Lebenszeit und Lebensqualität.

Schon jetzt hat die Informatik erste Erfolge in den Industrieländern bei der Steigerung der Lebensqualität erzielt. Der Medizinischen Informatik gelingt es, immer bessere Gesundheitssysteme zu entwickeln, was zur Folge hat, dass die Lebenserwartung der Menschen in Deutschland immerzu steigt. Die Lebenserwartung für neugeborene Mädchen und Jungen lag 2005 bei 81,8 bzw. 76,2 Jahren und steigerte sich 2006 auf 82,1 bzw. 76,6 Jahre[30].

Zudem erleichtert die Informatik zahlreiche Auskünfte. Smartphones mit Internetzugang können als mobile Navigationssysteme eingesetzt werden oder Bahntickets buchen ohne das man sich an einen Schalter begeben muss. Musik im MP3-Format kann auf MP3-Playern stundenlang gehört werden, ohne dass es erforderlich wird, eine CD einzulegen oder gar zu wechseln. Über Webcams kann man sich mit Freunden weit über die Landesgrenzen hinaus unterhalten und Urlaubsfotos lassen sich am Computer wunderbar

[27] http://www.care-o-bot.de/index.php
[28] http://www.amazon.de/Siemens-3427571-VSR-8000-Reinigungsroboter/dp/B0006ZOTJM
[29] http://www.spiegel.de/netzwelt/tech/0,1518,527278,00.html
[30] http://bit.ly/amL9sY

ordnen und wiederfinden. Insgesamt gesehen hat die Informatik unser Leben um ein ganzes Stück bequemer gemacht.

Mögliche Probleme und Gefahren in der Informationsgesellschaft

Die modernen Informations- und Kommunikationstechnologien bieten eine erfrischende Fülle an neuen Funktionen. Gerade Erfindungen wie das Internet haben unsere Kommunikationskanäle beachtenswert erweitert. Weltweit nutzen schätzungsweise 27% der Gesamtbevölkerung[31] das Internet. Damit ist es das nutzungsstärkste Netzwerk, das wir kennen.

Mit Dienstleistungen wie Routenplanern, Suchmaschinen, Finanzberichten, persönlichen Webseiten, Onlineshops, Video-Plattformen, Blogs, sozialen Netzwerken und vielen mehr, hat sich das Internet einen festen Platz in der Informationsgesellschaft geschaffen. Das Internet ist aus den Industrieländern nicht mehr wegzudenken. Sabine Zimmermann, Abgeordnete der Fraktion Die Linke, hat zusammen mit ihrer Fraktion sogar einen Antrag im Deutschen Bundestag eingebracht, der einen Internetzugang mit einer Übertragungsrate von mindestens zwei Megabit pro Sekunde zur staatlich garantierten Grundversorgung machen soll.

Dieses Interesse hat aber auch Schattenseiten. Vorbei sind die Anfangszeiten, in denen das Internet der elitären Wissenschaft vorbehalten war. Inzwischen ist die Mehrheit der Deutschen auf den schnellen Datenautobahnen unterwegs. Am 09. Dezember 2009 teilte das statistische Bundesamt mit, dass 73% der privaten Haushalte über einen eigenen Internetanschluss verfügen[32].

Das sorgt nicht nur für eine erhöhte Zuhörerschaft, sondern auch für gewaltig mehr Datenverkehr. Der „Visual Networking Index" den das Telekommunikationsunternehmen Cisco Systems, Inc. in regelmäßigen Abständen erstellt, geht davon aus, dass sich bis 2014 das Datenvolumen im Internet vervierfachen wird. Für Deutschland wird mit einem monatlichen Transfervolumen von 3,574 Exabytes (2^{60} Bytes) gerechnet[33]. Dieses monatliche Verkehrsaufkommen entspricht ungefähr dem Fassungsvermögen von 16 Milliarden DVDs.

Ein solches Ausmaß kann zu Problemen führen, wenn es darum geht, in diesem gewaltigen Netz zielstrebig zu navigieren. Die brisante Entwicklung des Internets und die Vielzahl an Nachrichten sorgen für neuartige Gefahren. Die sogenannte Informationsexplosion (fälschlicherweise oft als Wissensexplosion bezeichnet) führt zur

---

[31] http://www.internetworldstats.com/top20.htm
[32] http://bit.ly/6L8YC9
[33] https://www.cisco.com/web/DE/presse/meld_2010/03-06-2010-globaler.html

Notwendigkeit der Inhaltssichtung und Filterung. Ein weiteres Problem ist die Bedrohung von Arbeitsplätzen für Arbeitnehmer, die sich nicht in der Informationsflut zurechtfinden können und demzufolge dem sich erweiterndem Wissen verschließen. Auf diese Gefahren wird im Kapitel „Verlust von Arbeitsplätzen durch die Informationsgesellschaft" eingegangen.

Informationsexplosion

Die Informationsexplosion beschreibt den Vorgang, dass sich die Menge der Nachrichten exorbitant entwickelt[34]. Die Informationsexplosion bezieht sich dabei ausschließlich auf die Quantität der Nachrichten. Über die Qualität wird nichts ausgesagt. Zur Messgröße zählen demnach sämtliche Nachrichten und Dokumente, die innerhalb einer Informations-gesellschaft erzeugt werden. Jegliche Kopien werden bei dieser Zählung miteinbezogen.

Nach den Ansichten von Joseph Weizenbaum müsste die Informationsexplosion in Nachrichtenexplosion umbenannt werden, denn Informationen müssen bekanntlich ja erst erzeugt werden (siehe Abschnitt „Begriff der Information nach Weizenbaum"). Wir wollen uns dennoch in dieser Arbeit auf den Begriff der „Quantitativen Informationsflut" einigen.

Das Gegenstück zur quantitativen Informationsflut, ist die qualitative Informationsflut, auch Wissensexplosion genannt.

Wissensexplosion

Die Wissensexplosion bezeichnet den Vorgang des Entstehens von reichhaltigem und vorher unbekanntem Wissen. Wissen wird primär dadurch gebildet, dass zufällige Beobachtungen oder systematische Erfahrungen (Experimente) gesammelt und die daraus gewonnenen Informationen richtig interpretiert, verstanden und angewendet werden. Damit dieses Wissen mit in die Statistik der Wissensexplosion aufgenommen werden kann, muss das neu gewonnene Wissen aufgeschrieben und publiziert werden. Die Wissensexplosion beruht auf der Anzahl von neuartigen Entdeckungen und bedeutenden wissenschaftlichen Veröffentlichungen. Eine Veröffentlichung gilt dann als besonders bedeutend, wenn sie oft zitiert wird. Quellen die weniger häufig zitiert werden, gelten als substituierbar. Dieses Konzept der Berechnung wurde erstmalig 1974 vom Mitbegründer der Szientometrie, Derek de Solla Price, vorgelegt[35]. Schenkt man der

---

[34] http://www.uni-protokolle.de/Lexikon/Informationsexplosion.html
[35]

https://secure.wikimedia.org/wikipedia/de/wiki/Wissensexplosion#Quantifizierung_des_Wissenswachstums

Berechnung Glauben, so verdoppelt sich das Wissen der Welt mit stetiger Tendenz etwa alle 100 Jahre. Bei der quantitativen Informationsflut geht man hingegen von einer ansteigenden Verdopplung der Informationen in einem Fünfjahres-Zyklus aus.

Informationen sinnvoll sammeln und verarbeiten

Der Anstieg von Informationen und die rasante Veränderungsgeschwindigkeit führen dazu, dass bei den Personen, die sich damit beschäftigen, schnell eine große Ungewissheit auftritt. Zu viele Duplikate und oftmals irrelevante Nachrichten geistern durch das Informationsnetz. Hinzu kommt eine wahnsinnige Veränderungsgeschwindigkeit, die die Nachrichten schnell alt werden lässt. Um bei dieser Entwicklung den Überblick zu behalten und nicht überfordert zu sein, haben sich diverse Techniken entwickelt.

Beatrice Cantieni-Wolf, Betriebsökonomin im Bereich Facility Management, hat Erfahrungen zu diesem Thema aufgearbeitet. Laut ihren Angaben[36] nehmen wir pro Tag doppelt so viele Informationen auf, wie ein durchschnittliches Gehirn in diesem Zeitraum verarbeiten kann.

Kommunikationsexperte Marcus Knill rät daher dazu, die Informationen zu dosieren und sich ganz klar vor Augen zu führen, welche Informationen überhaupt gebraucht werden und welche Informationsquellen man dafür zu Rate ziehen sollte. Weiterhin empfiehlt er ein schematisches Schwarz-Weiß-Denken, um Informationen mit mittelmäßigem Wertegehalt auszuschließen. Man sollte sich zu jeder Zeit klarmachen, für wen die Information gedacht ist und dementsprechendes Vokabular verwenden, damit derjenige diese Nachricht auch verstehen kann.

Der Versuch die Informationen zu organisieren macht vor allem eines deutlich: die Informationsgesellschaft braucht unbedingt Filter. Im Web bilden Suchmaschinen mit erweiterten Suchkriterien eine erste Möglichkeit. Die Filterung durch den Menschen bleibt damit aber nicht aus.

Um im medialen Berufsleben zu bestehen, muss man mit den Anforderungen der Filterung und dem ständigen Anspruch nach Wissensdurst, den die Informations-gesellschaft stellt, fertig werden. In diesem Sinne muss man die Frage stellen, ob Arbeitnehmer ihren Arbeitsplatz durch das Voranschreiten der Informationsgesellschaft verlieren können.

Verlust von Arbeitsplätzen durch die Informationsgesellschaft

Die moderne Informationstechnologie entwickelt und verbreitet sich in der heutigen Zeit sehr schnell und wird es auch in Zukunft weiter tun. Die neuen Informationssysteme

---

[36] http://www.rhetorik.ch/Aktuell/05/04_21.html

sollen den Menschen bei der Arbeit unterstützen oder sogar ersetzen, weil sie einfach gewisse Aufgaben effizienter und schneller lösen können, als es der Mensch kann. Deswegen sollte man sich die Frage stellen welche Auswirkungen diese neuen Technologien auf die Beschäftigung und die Arbeitsplätze haben.

Über lange Zeit ging es dabei hauptsächlich um die Frage, ob durch die neue Informationstechnologie massiv Arbeitsplätze verloren gehen oder geschaffen werden. In dieser Diskussion sind zwei Dinge weitestgehend unbestritten.

Der erste Punkt besagt eine negative Auswirkung der großen Automatisierungs- und Rationalisierungspotenziale der neuen Informationstechnologien auf die Beschäftigung und die Arbeitsplätze. Der zweite Punkt nimmt eine positive Auswirkung der Innovationspotenziale der Informationstechnologie und der dadurch ausgelösten Wachstumsschübe auf die Arbeitsplätze und die Beschäftigung an.

Umstritten ist jedoch, welches Argument sich stärker auf die Arbeitsplätze beziehungsweise auf die Beschäftigung auswirkt. Viele pessimistische Einschätzungen von Experten unterstellten, dass die Automatisierungs- und Rationalisierungspotenziale viel größer und stärker seien als die Innovations- und Wachstumspotenziale, während auf Seite der Optimisten voraus gesagt wurde, dass die negativen Auswirkungen der Automatisierungs- und Rationalisierungspotenziale durch die positiven Beschäftigungswirkungen von Innovation und Wachstum, welche durch die Informationstechnologie erzeugt wird, mehr als ausgeglichen sei.

In letzter Zeit wurde sich verstärkt um die Auswirkungen der modernen Informationstechnologie auf die Arbeit beschäftigt, insbesondere auf die Struktur der Arbeit und die Entwicklung der Arbeitsverhältnisse. Besonders stark vertreten ist die These, dass es die traditionellen Formen der Arbeit, wie die Vollzeitbeschäftigung und den Stand, dass ein Arbeitnehmer ein Leben lang denselben Beruf ausübt, allmählich verschwinden werden.

Die Auflösung traditioneller Arbeitsformen und Beschäftigungsverhältnisse bleibt keineswegs auf wenig qualifizierte Arbeitskräfte beschränkt, sondern bezieht qualifizierte Arbeitskräfte gleichermaßen mit ein. Die Auflösung der herkömmlichen Arbeits- und Beschäftigungsverhältnisse ist eine zwingende Folge der Informationstechnologie und des durch sie geprägten globalen Wandels und Wettbewerbs. Die Informationstechnologie macht es möglich, Arbeitszusammenhänge zu individualisieren, stark zu dezentralisieren und sie über interaktive Kommunikationsnetze zu koordinieren und zu steuern. Sie löst damit herkömmlich organisierte Arbeitszusammenhänge, die stark darauf ausgerichtet sind räumlich eng zusammen zu arbeiten, komplett auf. Das Resultat ist ein starker gemeinsamer Trend in der Entwicklung der Beschäftigungsstrukturen der Informationsgesellschaft zu flexiblen, mobilen und wechselhaften Beschäftigungsverhältnissen. Dieser

gemeinsame Trend variiert in den einzelnen Ländern aufgrund von unterschiedlichen kulturellen, sozialen und institutionellen Bedingungen.

Auf den ersten Blick scheint diese Argumentation durchaus nachvollziehbar zu sein. Doch die Wirtschaft der Informationsgesellschaft ist geprägt durch ein hohes Innovationstempo und einen raschen Wandel. Unternehmen müssen hohen Anforderungen an Anpassungsfähigkeit und Flexibilität standhalten, um in dieser Situation ihre Wettbewerbsfähigkeit und ihr Überleben zu sichern. Die moderne Informationstechnologie gibt ihnen auch die technischen Möglichkeiten diese Anforderungen zu erfüllen. Sie bietet insbesondere die technischen Möglichkeiten die Arbeit und die Beschäftigung viel flexibler zu gestalten und sich dabei auch nationalen Beschränkungen zu entziehen.

Wenn in Folge der Globalisierung der Wettbewerb zwischen Arbeitskräften auf internationaler Ebene zunimmt, dann muss der Arbeitsmarkt aller Länder globalisiert und zu einem gemeinsamen Arbeitsmarkt zusammen gefasst werden, die den Unternehmen dann ebenfalls mehr Möglichkeiten geben, passende Arbeitskräfte auszuwählen. Wenn man das alles durchdenkt, scheint es sehr naheliegend, dass im Verlauf des modernen Arbeitslebens viele Arbeitnehmer den Beruf oder das Arbeitsumfeld wechseln müssen und mehrere Phasen der Arbeitslosigkeit hinnehmen müssen.

Sicherheit und Schutz in der Informationsgesellschaft

Aus Software-technischer-Sicht

Die verstärkte Ausbreitung von Informations- und Kommunikationstechnologien schafft neue Rahmenbedingungen und Einflüsse, die es in dieser Art in einer Gesellschaft noch nicht gegeben hat. Daher erfordert die technologische Entwicklung die Anpassung beziehungsweise die Weiterentwicklung bereits vorhandener Sicherheits- und Schutz-Maßnahmen, damit die Informationsgesellschaft unbeschadet bestehen kann. Durch die globale Vernetzung wirkt sich der Schaden, zum Beispiel hervorgerufen von einem Computer-Virus, nicht nur auf einzelne Mitglieder der Gesellschaft aus, sondern trifft meistens eine reichweitenstarke Masse. Ein gefahrenloser Umgang mit der modernen Medientechnik ist daher genauso wichtig wie der Schutz der eigenen Daten, unabhängig davon, ob es sich um Privatpersonen, Öffentliche Institutionen oder Unternehmen handelt.

„Trustworthy Computing"

Als im Juli 2002 der Software-Pionier und Microsoft-Gründer Bill Gates den Begriff des „Thrustworthy Computing" prägte[37], war dies ein wichtiger Meilenstein für die Software-Branche. Seitdem steht die Sicherheit eines Computerprogramms als oberstes Maxim vor der Funktionalität. Bill Gates ordnete an, lieber sichere Produkte auf den Markt zu bringen, anstatt zu viele Funktionen zu implementieren, deren Sicherheit nicht gewährleistet werden kann. Trotz dieser ehrbaren Vorschrift wurde im Jahr 2004 der Computervirus „Win64.Rugrad" entdeckt, welcher in der Lage war, das neu erschienene Betriebssystem Microsoft Windows XP (64-Bit Edition) zu infizieren[38]. Damit war klar, dass es nicht ausreichend ist, nur auf die sichere Entwicklung von Software zu vertrauen. Microsoft erfand deshalb das Konzept der „Sicherheit auf Drei Säulen".

Sicherheit auf Drei Säulen

Das Hauptaugenmerk der Strategie der „Sicherheit auf Drei Säulen" ist die Stärkung der Anwender-Sicherheit bei ihrer Computer- und Internetnutzung. Die Drei Säulen werden gebildet durch „Innovation", „Kooperation" und „Medienkompetenz". Die Innovation besteht darin, benutzerfreundliche Technologien zu schaffen, die eine hohe Akzeptanz

---

[37] https://www.microsoft.com/mscorp/execmail/2002/07-18twc.mspx
[38] http://lexikon.freenet.de/Computervirus

beim Benutzer finden. Der Benutzer muss in der Lage sein, die zur Verfügung stehenden Komponenten zum Schutz des Computers (Antiviren-Scanner, Firewall, Email-Filter, etc.) intuitiv bedienen zu können, so dass es keinen erheblichen Aufwand bedarf, diese Komponenten zweckmäßig einzusetzen.

Die Zweite Säule steht für die Kooperation zwischen Produktanbieter und Behörden. Anbieter von elektronischen Dienstleistungen sollten eng mit der Regierung zusammen arbeiten, um kriminelle Handlungen schnellstmöglich zu verfolgen und zu bestrafen. Der Verein „Deutschland sicher im Netz e.V." ist unter der Schirmherrschaft des Bundesministeriums des Inneren sogar aktiv an der Umsetzung des Nationalen Plans zum Schutz der Informationsstrukturen (kurz NPSI) beteiligt.

Um das Sicherheitsniveau über die Grenzen der technischen Maßnahmen hinaus zu steigern, wird die Medienkompetenz als dritter und abschließender Pfeiler angeführt. Demnach sollen Anwender sich bewusst werden, dass die vernetzte Gesellschaft trotz ihrer hohen Abstraktheit und Virtualität sich nicht völlig von der real Bestehenden unterscheidet. Den Anwendern muss daher vermittelt werden, auch im digitalen Bereich stets vorsichtig zu sein. Schon als Kind wird einem geraten, fremden Personen gegenüber misstrauisch zu sein, die Verkehrsregeln zu beachten und dunkle Wege zu meiden. Diese Grundprinzipien der Vorsicht sollten auch auf die IT-Welt übertragen werden, so dass man mit genau dergleichen Achtsamkeit im digitalen Zeitalter verkehrt.

Rechtliche Aspekte

Das Potential das die neuen Technologien bieten beeinflusst nicht nur die Welt des Internets und der Software. Auch rechtlich stellt der Einsatz junger Massenmedien immer wieder neue Herausforderungen. Besonders die Urheberrechte, das Recht auf Privatsphäre, der Datenschutz und das Recht am eigenen Bild werden durch die rasant anschwellende Medienlandschaft stark strapaziert.

Das Bildnisrecht besagt, dass jeder Mensch selbst darüber bestimmen darf, ob überhaupt und in welchem Kontext von ihm Bilder veröffentlicht werden (§ 22 Satz 1, KunstUrhG[39]). Durch die hohe Anonymität im Netz ist es jedoch oft sehr schwierig, diejenigen zu erfassen, die ein Bild in das weltweit verfügbare Internet eingestellt haben. Eine weitere Schwierigkeit besteht darin, überhaupt zu merken, dass das Bild der eigenen Person sich unerwünscht im Internet befindet. Durch die Vielzahl an Bildern ist es nicht möglich, einen erfassenden Überblick zu haben. Deshalb werden viele unwillkommene Fotos erst erkannt, nachdem bereits ein Schaden durch diese Fotos entstanden ist. Am schwedischen Karolinska-Institut, wo jährlich der Nobelpreis für Medizin verliehen wird, machte eine OP-Schwester wochenlang unbemerkt unerlaubte Fotos von Behandlungen im Operationssaal, die sie daraufhin bei Facebook zur Schau stellte[40]. Erst im Nachhinein

---

[39] Kunsturheberrechtsgesetzes
[40] http://bit.ly/ea4FAZ

entdeckte man dieses unethische Verhalten, doch in der Zwischenzeit befanden sich die Bilder bereits öffentlich im Internet und konnten abgespeichert, kopiert und weiterverbreitet werden, ohne das die betroffenen Personen darauf einen Einfluss hatten. Das besonders Gefährliche daran ist, dass niemand genau weiß, wer außer der Krankenschwester noch im Besitz dieser Bilder ist, weshalb sich nicht ausschließen lässt, dass diese Fotos weiterhin zur Schau gestellt werden. Die Betroffenen bleiben im Ungewissen. Ein Schutz vor solchen Taten kann nur gewährleistet werden, wenn man selbst von den Aufnahmen mitbekommt und sofort dagegen handelt. Am Wirkungsvollsten ist es, wenn man sich sofort das Speichermedium, auf dem sich die entsprechenden Fotos befinden, aushändigen lässt, damit keine Chance besteht, die vermeintlich gelöschten Fotos mit Spezial-Software wiederherzustellen.

Privatsphäre

Privatsphäre ist ein umstrittenes Thema in der Informationsgesellschaft. Angeblich hält Mark Zuckerberg, Gründer des sozialen Netzwerks Facebook, die Privatsphäre für nicht mehr zeitgemäß[41]. Zuckerberg begründet das damit, dass die Menschen mit der digitalen Revolution viel aufgeschlossener geworden sind und damit einverstanden sind, Details über ihr Privatleben öffentlich im Web preiszugeben.

Dieser Trend kann allerdings zum völligen Gegenteil von Zuckerbergs Vorstellungen führen. Dadurch, dass Dienste wie Facebook oder Twitter generell öffentlich sind, verhalten sich einige Nutzer anders, als sie es normalerweise im Freundeskreis tun würden und melden sich sogar unter Decknamen auf Internetseiten an, um vor der ungestümen Öffentlichkeit geschützt zu sein. Einige Anwender fühlen sich dazu gezwungen, um nicht etwa wie der 26-Jährige Paul Chambers rechtliche Konsequenzen für harmlose Blödeleien tragen zu müssen.

Paul Chambers schrieb im Scherz auf Twitter, dass er den Robin Hood Airport „himmelhoch in die Luft jagen" werde, wenn sein Flug verspätet eintreffen sollte. Die Flughafensicherheit hielt diese Meldung für eine ernsthafte Bombendrohung, woraufhin der Brite im Januar 2010 verhaftet –und mit einer Geldstrafe von 1160 Euro belangt wurde[42].

Urheberrechte

Urheberrechte sind ebenso wie die Privatsphäre ein ernstes Thema im Interesse in der Informationsgesellschaft. In Deutschland hat sich anlässlich dessen die Piratenpartei gegründet, die sich für eine Reform des Urheberrechtes einsetzt. Die Piratenpartei Deutschland sieht im Urheberrecht die Einschränkung des Potentials der aktuellen

---

[41] http://www.spiegel.de/netzwelt/web/0,1518,671083,00.html
[42] http://www.spiegel.de/netzwelt/netzpolitik/0,1518,694090,00.html

Entwicklung, da die Beschränkungen durch das Urheberrecht „auf einem veralteten Verständnis von so genanntem "geistigem Eigentum" basieren, welches der angestrebten Wissens- oder Informationsgesellschaft entgegen steht"[43]. In Deutschland steht die unerlaubte Vervielfältigung und Reproduktion von urheberrechtlich geschütztem Material unter Strafe. Die Industrie schützt sich gegen die illegale elektronische Vervielfältigung mit digitaler Rechteverwaltung und Kopierschutztechniken für Datenträger.

Komplexitätsreduktion und Informationsmanagement

Neben dem Schutz von Computer, Software, Privatsphäre und gesellschaftlichen Rechten gibt es noch zwei weitere wichtige Maßnahmen, die in der Informationsgesellschaft angewandt werden, um den neuen Problemen entgegenzutreten. Um den stetig steigenden Nachrichtenfluss standzuhalten wurden das Informationsmanagement und die Komplexitätsreduktion eingeführt.

In der Fachliteratur finden sich unterschiedliche Definitionen für Informations-management. Im betriebswirtschaftlichen Sinne wird Informationsmanagement als strategisches Planen, Gestalten, Überwachen und Lenken von Informationen und Kommunikation zur Erreichung der unternehmerischen Ziele betrachtet. Im allgemeinen Kontext versteht man darunter aber die Ermittlung von Bedarf und Bestand von Informationen sowie die inhaltliche Zuordnung und Regelung von Zugriff und Pflege der Informationen[44]. Die Analysetätigkeiten der Bedarfs- und Bestandsermittlung wurden in der Informationsgesellschaft nötig, um einen Überblick über die Informationen zu haben und um auf bereits bestehende Informationen zurückgreifen zu können, ohne jedes Mal wieder den Aufwand der Ausarbeitung zu betreiben.

Die Komplexitätsreduktion[45] ist ein bewährtes Hilfsmittel, um die Informations-überflutung einzudämmen. Komplexe Zusammenhänge werden mit Hilfe von Modellen und kognitiven Stellvertretern in Form von Zeichen vereinfacht. Die mathematische Aussage „größer als" kann beispielhaft mit dem einzelnen Zeichen „>" ausgedrückt werden, was eine erhebliche Verkürzung der wörtlichen Beschreibung darstellt. Die Komplexitätsreduktion macht ebenfalls Gebrauch von Modellierungswerkzeugen wie etwa Stift und Papier, um schwierige Sachverhalte in Form von Zeichnungen und Bildern darzustellen. Darüber hinaus gehört die Entwicklung von Mitteln zur Wissensspeicherung auch zu den Aufgaben der Komplexitätsreduktion. Auf die Informatik angewandt fällt in diesen Bereich die Konstruktion von Datenbanken und Datenbanksystemen.

---

[43] http://www.piratenpartei.de/navigation/politik/urheberrecht-und-nicht-kommerzielle-vervielfaeltigung
[44] https://secure.wikimedia.org/wikipedia/de/wiki/Informationsmanagement
[45] https://secure.wikimedia.org/wikipedia/de/wiki/Informationsgesellschaft#Komplexit.C3.A4t

Zusammenfassung

Zusammenfassend lässt sich sagen, dass die Informationsgesellschaft attraktive Möglichkeiten und Chancen auf dem Arbeitsmarkt und in der wirtschaftlichen Entwicklung bietet. Im Bereich der Privatsphäre und der Datensicherheit sind allerdings noch einige Probleme zu lösen. Die Mitglieder der Informationsgesellschaft müssen begreifen, dass das Internet nicht mit den heimischen Vier-Wänden zu verwechseln ist. Dementsprechend müssen Vorkehrungen getroffen werden. Zudem sollte ein jedes Mitglied der Informationsgesellschaft nicht auf sein Recht auf Privatsphäre verzichten, sondern regen Gebrauch davon machen, bevor dieses Recht lautlos erlischt.

Die Medienkompetenz muss aktiv geschult werden, so dass die Mitglieder der Informationsgesellschaft ab Beginn der Kindheit lernen, sich vertrauensvoll und gewissenhaft mit Informations- und Kommunikationstechnologien auseinanderzusetzen. Die rasante Geschwindigkeit und Eigendynamik der Informationsgesellschaft erfordert Lösungen zur Entschärfung der Informationsexplosion, damit nachfolgende Generationen vom überlieferten Wissen profitieren können, ohne in der Flut der Daten zu ertrinken.

Die bisherigen Konzepte, wie etwa die Komplexitätsreduktion und das Informations-management sind zwar gut, werden aber bisher noch von einem zu geringem Teil der Bevölkerung eingesetzt und konsequent umgesetzt. Wir müssen uns ebenfalls Gedanken darüber machen, ob alle unsere technologischen Fortschritte gerechtfertigt sind oder ob auf Teile davon mit sehr hohem Produktionsanspruch und geringem Mehrwert, wie etwa ineffizienten Robotern, zu Gunsten der natürlich beschränkten Ressourcen verzichtet werden sollte.

Eine weitere sehr kritisch zu betrachtende Fragestellung ist die Aussonderung des Menschen aus wirtschaftlichen Betriebszweigen durch die immer weiter voran-schreitende maschinelle Automatisierung. Wir dürfen uns nicht der Illusion hingeben, dass Maschinen uns eines Tages komplett ersetzen könnten. Auch wenn die Ergebnisse der Künstlichen Intelligenz berauschend sind, so müssen wir immer daran denken, dass das Menschsein hauptsächlich von einem Bewusstsein und einer Seele geprägt ist. Diese Eigenschaften machen uns zu dem was wir sind und lassen sich nicht durch Algorithmen und Schaltkreise austauschen.

Wir müssen diesen Standpunkt verteidigen und dürfen keine Scheu vor dieser Verantwortung haben. Weiterhin wäre es nicht schädlich, wenn wir uns bemühen würden, die Informationsexplosion in Richtung einer Wissensexplosion zu lenken. Das Streben nach Wissen sollte zu einem Leitmotiv geformt werden, denn allein dadurch wird es uns ermöglicht, uns weiterzuentwickeln und den Fortschritt voran zu treiben. Nie zuvor war es derart einfach, an wissenschaftliche Erkenntnisse zu gelangen. Dieses kostbare Gut darf nicht verschwendet werden, indem wir uns der Unterhaltungsindustrie unterwerfen.

Wir befinden uns in der Pflicht, das geistige Erbe unserer Vorfahren zu erhalten und fortwährend zu erweitern.

Quellenverzeichnis

[1] http://www.duden-suche.de/suche/abstract.php?shortname=fx&artikel_id=60826&verweis=1
[2] Ferdinand Tönnies (1887). Gemeinschaft und Gesellschaft.
[3] http://www.margaretthatcher.org/document/106689
[4] Niklas Luhmann (1977). Differentiation of Society. The Canadian Journal of Sociology, S. 29-53
[5] http://www.sub.uni-goettingen.de/archiv/ausstell/2003/jikji.html
[6] http://www.bdzv.de/256.html
[7] Michael Krause: Wie Nikola Tesla das 20. Jahrhundert erfand. 1. Auflage. Wiley, 2010
[8] http://www.wdr.de/themen/kultur/stichtag/2007/08/25.jhtml
[9] http://de.answers.yahoo.com/question/index?qid=20090308131245AAVlQKW
[10] Melanie Mühl: Siebzig Tage im Jahr vor dem Schirm, Frankfurter Allgemeine Zeitung, 20. Januar 2005
[11] http://bit.ly/94jecH
[12] http://www.solvital-lichttherapie.de/schlaf/wie-viel-schlaf-braucht-der-mensch.php
[13] Klaus Merten: Einführung in die Kommunikationswissenschaft, Band 1, Seite 150
[14] http://googleblog.blogspot.com/2008/07/we-knew-web-was-big.html
[15] http://laptop.org/en/laptop/
[16] http://facebookmarketing.de/news/neuer-rekord-600-millionen-aktive-facebook-nutzer
[17] http://bit.ly/g6yVG8
[18] http://bit.ly/g2sH5A
[19] http://lowendmac.com/lisa/lisa.shtml
[20] http://www.gi.de/presse/pressemitteilungen-thematisch/pressemitteilung-vom-26-september-2001.html
[21] http://www.golem.de/0612/49631.html
[22] http://bit.ly/e2jBSC
[23] vgl. Joseph Weizenbaum, Computermacht und Gesellschaft (1. Aufl., 2001), Seite 42
[24] http://www.research.ibm.com/deepblue/meet/html/d.2.shtml#10
[25] http://www.pcwelt.de/news/Fussball-gewinnt-fuer-KI-Forscher-immer-mehr-an-Bedeutung-43929.html
[26] http://zukunftspreis.ipa.fraunhofer.de/
[27] http://www.care-o-bot.de/index.php
[28] http://www.amazon.de/Siemens-3427571-VSR-8000-Reinigungsroboter/dp/B00060ZOTJM
[29] http://www.spiegel.de/netzwelt/tech/0,1518,527278,00.html
[30] http://bit.ly/amL9sY
[31] http://www.internetworldstats.com/top20.htm
[32] http://bit.ly/6L8YC9
[33] https://www.cisco.com/web/DE/presse/meld_2010/03-06-2010-globaler.html
[34] http://www.uni-protokolle.de/Lexikon/Informationsexplosion.html
[35] https://secure.wikimedia.org/wikipedia/de/wiki/Wissensexplosion#Quantifizierung_des_Wissenswachstums
[36] http://www.rhetorik.ch/Aktuell/05/04_21.html
[37] https://www.microsoft.com/mscorp/execmail/2002/07-18twc.mspx
[38] http://lexikon.freenet.de/Computervirus
[39] Kunsturheberrechtsgesetzes
[40] http://bit.ly/ea4FAZ
[41] http://www.spiegel.de/netzwelt/web/0,1518,671083,00.html
[42] http://www.spiegel.de/netzwelt/netzpolitik/0,1518,694090,00.html
[43] http://www.piratenpartei.de/navigation/politik/urheberrecht-und-nicht-kommerzielle-vervielfaeltigung
[44] https://secure.wikimedia.org/wikipedia/de/wiki/Informationsmanagement
[45] https://secure.wikimedia.org/wikipedia/de/wiki/Informationsgesellschaft#Komplexit.C3.A4t